रूपांकन

डॉ. सुरेन्द्र देव त्रिपाठी

notionpress
.com

INDIA · SINGAPORE · MALAYSIA

Notion Press

Old No. 38, New No. 6
McNichols Road, Chetpet
Chennai - 600 031

First Published by Notion Press 2019
Copyright © Dr. Surendra Dev Tripathi 2019
All Rights Reserved.

ISBN 978-1-64650-543-2

रुपांकन

कौन हूँ मैं स्वयं जानने में लगा,
किस तरह रूप-अंकन तुम्हारा करूँ।
कल्पना-चित्र मन के पटल पे बना,
मैं रुधिर, रंग या अश्रु मे क्या भरूँ॥1॥

शान्त हेमंत के स्वच्छ आकाश की,
मेघहीना, प्रभाकरमयी, नीलिमा।
दृष्टि के राज्य से दूर बाहर गई,
जलभरे ताल की लोलिनी नीलिमा॥2॥

पश्चिमी देश की वधू के सुमुख की,

झील से शुद्ध नयनों बसी नीलिमा।

दूर कुहरे अटे क्षितिज के छोर पर,

उभरते उस धुयें में बसी नीलिमा॥3॥

पश्चिमी वात हेमन्त की देह से,

है नशे सी निकल छेड़ देती प्रिये।

याद की वायलिन के हर इक तार को,

क्षितिज के पार तू देखती किसलिये?॥4॥

श्रावणी साँझ को, वनों में नाचते,

मोर के श्याम तन की रुचिर नीलिमा।

विरह की चोट से इस हृदय पर पड़े,

दर्दवाले कई नील की नीलिमा॥5॥

याद है, कभी तुमने कहा था प्रिये!

तुम कहीं भी रहो मैं सदा पास हूँ।

एक उन्मत्त तुम, मूर्त मधु के कलश,

मैं तुम्हारे अधर पर बसी प्यास हूँ॥6॥

डॉ. सुरेन्द्र देव त्रिपाठी

प्रेम की रागिनी छेड़ कर किन्तु तू,

आह क्यों रुक गई, तू कहाँ खो गई?

या निशा में घुली या पवन प्रीति पा,

तू हिंडोले चढ़ी शून्य में उड़ गई॥7॥

सौम्यमुखि, बालपन की प्रथम मित्र तू,

अंशुमाला सहारे कहाँ तू गई?

चाँदनी बन गई, बन गई सोम या,

रत्न की धूल बन कर बरस तू गई?॥8॥

मैं धरा पर रहा दर्द के चित्र को,

अश्रु की तूलिका से सजाता रहा।

कल्पना में बसा प्यार का एक घर,

मैं विरह-अग्नि से फिर जलाता रहा॥9॥

नींद से माँगकर स्वप्न में मैं तुझे,

चन्द्र की रश्मियों से बुलाता रहा।

तू सुनाती रही शांतिमय लोरियाँ,

दर्द को थपथपा मैं सुलाता रहा॥10॥

डॉ. सुरेन्द्र देव त्रिपाठी

भोर में दाहिनी ओर सोई प्रभा,

छोड़कर के दुपट्टा कहाँ उड़ गई?

जिंदगी-मौत के इस विषम राह पर,

मैं खड़ा ही रहा तू किधर मुड़ गई?॥11॥

हाथ में हाथ दे, ले शपथ प्रेम की,

खोल मीठे अधर तू रही बोलती।

भावना में भरे प्रेम के भेद को,

अनुभवी सी प्रिये तू रही खोलती॥12॥

यूँ लगा ज्यों कहीं घंटियाँ बज रहीं,
ग्राम-वधुएँ कहीं नाचती तो नहीं?
या किसी शांत तरुओं भरे क्षेत्र में,
झील ही तान ले गीत गाती कहीं॥13॥

'एक चंचल लहर सी उछल रेत छू,
मैं कभी भी नहीं प्रिय तुम्हें छोड़कर।
उंगलियाँ भी उठे, मानसिक कष्ट हो,
मैं किसी पर हृदय से हृदय जोड़कर'॥14॥

'प्रेम की शांति से चमकते गाँव को,

शांति की कांति से झलकते कूल को।

अनकहे गीत के समझते भाव को,

वेणियों में गुंथे महकते फूल को'॥15॥

'भूलकर मोड़ मन छोड़कर नेह को,

मैं नये रास्ते चल पड़ूँगी नहीं।

लूटकर शांति को, धर्म को, मान को,

तुम स्वयं ही मुझे ना भुलाना कहीं'॥16॥

रूपांकन

आत्म-बल-हीन का प्रण तुम्हारा हुआ,
नेक दिन भी नहीं बीतते-बीतते।
कौन सी प्रेम की चाल उल्टी पड़ी,
हार बाजी गया, जीतते-जीतते॥17॥

इक नुकीली क्षुरी चीर दिल को गई,
रुक गईं धड़कनें, याद कुछ ना रहा।
काँप बेसुध हुआ, यह लरजता हिया,
जब भ्रमर मित्र ने गूँज मुझसे कहा॥18॥

'वायलिन जो युगों से बजाते रहे,

तोड़ दो तार उसके पुराने सभी।

भूल जाओ कभी रागिनी थी बजी,

चाहते थे भ्रमर, पुष्प-मुकुलित कभी'॥19॥

अनगढ़े अश्म की खुरदुरी मूर्ति मैं,

एक वनमाल से तीव्र उत्साह में।

लुट गया एक पल में प्रणय-राह में,

वेदना मिल गई, प्रीति की चाह में॥20॥

रूपांकन

लोग कहते कि पुखराज रोता नहीं,

वह हृदयहीन है, बज्र से भी कड़ा।

मोम सा बह गया, धमनियों से निकल,

बन शिलाजीत, जब फूटकर रो पड़ा॥21॥

नागिनों सी लटकती हुई वेणियाँ,

कमलिनी-नाल सी, एक वनमाल सी।

क्षितिज के पार होंगी किसी देश में,

खोजती हों कदाचित हमारी हँसी॥22॥

अब हृदयहीन, जीवित व भग्नाश हूँ,
क्षीण संवेदना, डोलती लाश हूँ।
प्राण, विश्वास मन का, न मैं दे सका,
दर्द से प्रीति में एक विश्वास हूँ॥23॥

सोचता हूँ कि अब मैं प्रवंचक बनूँ,
इक भ्रमर की तरह नव कली साथ कर।
भूल तुम जब गये, भूल जाऊँ तुम्हे,
छोड़ भाषा नयन की, अधर-बात कर॥24॥

रूपांकन

कौन कहता इन्हें, अश्रुकण बेसमझ,

मित्र, धूमिल दिखे, मोतियों की चमक।

आन्तरिक दृष्टि को और तीखा करें,

ध्यान में हो हृदय और भींगे पलक॥25॥

उस दिवस की मुझे याद आती बहुत,

जब तुम्हारा प्रथम मुख-कमल था दिखा।

स्वेद मोती बने झिलमिलाते रहे,

सच कहूं तो कई पल लुटा मैं रहा॥26॥

क्यों प्रिये, तुम कहाँ से उसे पा गई,
पारदर्शी मणिभ सा वदन और मन।
मदभरे से नयन में बसी लालसा,
और शीतल, मदिर, रेशमी लट सघन॥27॥

था सुना गीत तेरा बहुत ही मधुर,
यूँ लगा पश्चिमी वाद्य-संगीत है।
था तुम्ही ने सुनाया हमारे लिए,
आजकल वायलिन पर वही गीत है॥28॥

कोकिला की कुहू, मोरनी की सुगति,

चन्द्र की स्निग्धता, अमिय की पूतता।

हस्ति के दंत से, रक्त कुंकुम मिला,

एक मारुत चला, मैं सिहर सा उठा॥29॥

नेत्र द्वय में तभी धर्म पथ गामिनी!

शुभ्र रस इक उच्छृंखल घटा से घिरे।

आह यह कौन सा मानसिक भाव था,

चौंक सा मैं गया नेत्र पीछे फिरे॥30॥

रूप, की सर्जना किस तरह यह हुई?
रंग यह वैष्णवी, था कहाँ से मिला?
भाव भी, रूप भी, एक अनुपात में,
क्या कहीं पर तुम्हे देवि-वर सा मिला॥31॥

एक अनुपम छटा रूप-मदिरा भरी,
से हृदय खिंच गया, सब अहं घुल गया।
देव-अभिशप्त वन के छिपे ताल में,
प्राकृतिक लाल सा इक कमल खिल गया॥32॥

पुष्प-दल सी नई नर्म अंगी सखी,

प्रेम-जल से सिंची, भावभीनी कली।

मैं कई बार घूमा, थके अंग सब,

है पड़ी, शून्य सी, वह सुहानी गली॥33॥

भेज दो, पत्र कोई, मुझे नाम से,

है, अभी भी समय, बुद्धि से काम लो।

दो लगा, सर्जना की दिशा में, मुझे,

गर्त की ओर गतिशील हूँ, थाम लो॥34॥

डॉ. सुरेन्द्र देव त्रिपाठी

गंध की अंक में लूँ, अँधेरा छुपा,

आँसुओं से धुला, वेदना से खिला।

फिर दिखा दो, गगन छोर, उस पार तक,

देख ली यह धरा, किन्तु कुछ ना मिला॥35॥

जब मिले थे, प्रथम बार, हम और तुम,

क्या पिया था, अमल पेय, उस रात में?

अब उसी याद की ले सजा-बेमजा,

वेदना भूलता, सोम-आघात में॥36॥

ये नये जन, सुरा नव, नये भाव सब,

किस तरह मैं पुरातन यहाँ आ गया।

याद तेरी मुझे बस पुरानी बनी,

सान्त्वना दे रही, साथ तो मिल गया॥37॥

मेघ गर्जे, तड़ित चमकती, व्योम में,

हे प्रिया, मैं अकेला जगूँ, आस में।

तीव्र विष ही न चख लूँ, सुधा खोजता,

होश मुझको नहीं, प्यार की प्यास में॥38॥

डॉ. सुरेन्द्र देव त्रिपाठी

दमदमाती हुई, दामिनी-रेख सी,

तीव्र झंझा भरे बरसते नेत्र में।

कालिमा रात्रि की, भर गई है, यहाँ,

हाँ, यहाँ, इस लुटे से हृदय क्षेत्र में॥39॥

ये अँधेरा नहीं, सुहृद के केश हैं,

व्योम की रश्मि रेखा नहीं, प्राण है।

दूर पर कूकती कोकिला है नहीं,

एक खंडित हृदय की, नई तान है॥40॥

रूपांकन

अब जगो, कह रहा, हरित-काकातुआ,

मुर्ग चीखा, "जगो, स्वर्ण से प्रात में।

हँस पड़ा, मैं, विवश सा, कि वह क्या जगे,

रात भर जो जगा, प्राण की याद में॥41॥

खोजता, मानसिक इस तमस में, तुम्हें,

बुद्धि, तन, मन, सभी अंश तक, थक गया।

प्यार की आग ऐसी उछलकर बढ़ी,

भावनायें जला, आज पावक गया॥42॥

डॉ. सुरेन्द्र देव त्रिपाठी

अश्रु से डबडबाये, गगन के नयन,

दूधिया चाँदनी में सिसकती निशा।

आत्म-दुःख से दुःखी हैं, कदाचित सभी,

यूँ दुःखी दिख रही, आज पश्चिम दिशा॥43॥

अश्रु-कण चाँदनी से ढलकते रहे,

रात्रि की श्वेत,चादर रही भींगती।

तरसती आर्द्र-शशि की मधुरयामिनी,

अश्रु से सुरमई दुपट्टा सींचती।44।

प्रात रुचिकर हुआ, अश्रु मोती बने,

छा गये, पेड़, पादप, हरी घास पर।

ताल पर खेलती, सूर्य की रश्मियाँ,

ये उठीं, ले उड़ीं, मोतियाँ झट उधर।45।

था तुम्हीं ने कहा यह, न जाऊँ कहीं,

तुम विरह में रहोगी, हमारे लिए।

आज देखो मुझे, मैं वहीं का वहीं,

तुम स्वयं छोड़ मुझको, कहीं चल दिये।46।

वे सघन बाग, एकांत, अमराइयाँ,

आज मेरी तरह ही अकेली पड़ीं।

कौन सी साधना शंभु की, रूठकर,

बुद्धि, तन, मन किनारे अकेली खड़ी।47।

खोजता मैं रहूँ, दूसरी ही जगह,

और ऐसा न हो, तुम छिपी हो कहीं।

यथा अनुभूति बसती सदा प्राण में,

वस्तु की साधना में, कभी भी नहीं।48।

किन्तु मैं मूढ़ था, ढूंढता ही रहा,
आत्मिक प्रेम को, रूप के गाँव में।
पर निराशा मिली, हाय परिणाम में,
मैं ठगा ही गया, प्रेम के दाँव में।49।

कोकिला बोल, मेरी प्रियतमा कहाँ?
भूल की दात्री, वह क्षमा है कहाँ?
प्राण में जो रमी, वह रमा है। कहाँ?
रे सखे मोर कह, नीलिमा है कहाँ?।50।

डॉ. सुरेन्द्र देव त्रिपाठी

तुम छिपाओ नहीं, दीर्घ, चंचल नयन,

बस तुम्हें एकटक देखता ही रहूँ।

बस यही एक घायल हृदय की दवा,

ध्यान-सान्निध्य में धड़कता ही रहूँ।51।

टिक गया है धुआँ, व्योम के मार्ग में,

सर्पिणी सी निशा बढ़ रही रेंगती।

अब मिलो तुम, संझौती जले प्रेम की,

कालिमा, शर्म से चुप, रहे देखती।52।

इस पवन की पकड़ कर सलोनी भुजा,

दृष्टि-सम्मुख मचलती चली आ प्रिये।

चन्द्र चलते थके, रात ढलते रुके,

स्वप्न-मानस मुझे सौंप सो जा, प्रिये।53।

धूप है छू रहा, शर्मिला छाँव को,

रास में गोपियाँ ज्यों छुवें श्याम को।

या छुवे फाल्गुनी शान्त ऋतुराज में,

लाज से दोहरी रति, निपट काम को।54।

इक मदिर चाल की स्वर्णमय मीन को,

ताल से खींचकर, बालुका राशि पर।

फेंक कर, दुर्दशा देख लो, मीन की,

बस वही है दशा, आज आठों प्रहर।55।

चल पड़ी हैं उठा, जलभरी गगरियाँ,

पनघटों से कई ग्राम की छोरियाँ।

कंठ तक प्यास है, किन्तु सब दूर हैं,

जान कर मृत, मुझे, गाँव की गोरियाँ।56।

साध्य, तुमने मुझे जो दिया शोक है,

ये उसी शोक से गीत फूटे, प्रिया।

इक विरह-दग्ध गाये, इसे यदि कहीं,

शीघ्र ही झाँक ले वह, हमारा हिया।57।

केलि, परिरंभ, चुम्बन, बड़े हेय हैं,

वासना से सने, कुछ अलग है कहीं।

लग रहा है, वही 'कुछ' मुझे हो गया,

और अब भी तुम्हें भूल पाता नहीं।58।

आत्म को जानकर, प्यार जाना नहीं,

जानकर के तुम्हें, तत्व-दर्शन किया।

अब उसे तुम कहो प्यार तो क्या करूँ,

दो सजा प्रियतमे, मैं गुनहगार हूँ।59।

किन्तु री नीलिमे, अश्रु-कण ना गिरें,

यों न सम्मान देना कभी भी सजन।

बल्कि यूँ चूमना यह वियोगी हृदय,

लाल सा हो रहे, श्वेत मेरा कफन।60।

रूपांकन

लोग गुपचुप रहें, पर जगत जान ले,
है उसी की यही मौन शव-यात्रा।
बाद में विरह की अग्नि में जल गया,
पूर्व निस्सीम थी, प्रीति की मात्रा।61।

यदि कहीं ऐ सुरुचि-साम्य वाली सखी,
छेड़ दे प्रेम की वार्ता की लहर।
मूक अभिनय करूं, और हँसता रहूँ,
चीखता है हृदय, उस प्रहर, दो प्रहर।62।

डॉ. सुरेन्द्र देव त्रिपाठी

होश के पूर्व आकृति बिछुड़ जो गई,
शोक भरकर हृदय में रुलाती मुझे।
याद की लोरियाँ थीं सुलाती कभी,
आज अलगाव-पीड़ा जगाती मुझे।63।

दीर्घ, भावुक, मदिर नैन, काजल सजे,
और बिखरी लटें, व्यस्त, नीला द्विपट।
पुष्प की कान्ति श्रीहीन सी हो गई,
देख तुमको लजाकर गई कुछ सिमट।64।

स्निग्ध गौरांग, कोमल, मधुर, दो अधर,

एक तिल की कमी भी नहीं गाल पर।

और अवदात ग्रीवा, सुगढ़, हेम-तन,

रूप-गरिमा बढ़ाता, घुँघट, भाल पर।65।

प्रेम था, मद्य था, और थी वायलिन,

चन्द्र से वैर था, सूर्य से शत्रुता।

आज तारे जगें, साथ ही साथ में,

सम व्यसन है, अतः हो गई मित्रता।66।

डॉ. सुरेन्द्र देव त्रिपाठी

क्या तुम्ही ने कहा था नहीं प्यार से?
'क्या तुम्हें श्वेत भाती कुमुद की कली?
मैं तुम्हें चाहती, फिर उसे चाहती,
और देखो, खिली हाय कितनी भली'।67।

'तुम यहीं पर रहो, ताल के छोर पर,
मैं उसे तोड़ लाती अभी तैर कर।
एक क्षण में उतर कुण्ड में बढ़ गये,
ताकता मैं रहा, नेत्र में प्रेम, भर।68।

क्या सरोवर भँवर में बिछुड़ तुम गई?

मैं थका आज तक बाट की जोह में।

या कली बन गई, मधुकरों से घिरी?

तुम कुमुद की कली के अधिक मोह में।69।

मैं जिधर चिन्तना के नयन, फेरता,

प्रेम-प्रतिमान ही, मत्त हो देखता।

बेल लिपटी हुई, मौन हो, वृक्ष से,

चन्द्र, छोरी प्रिया रश्मि को, छेड़ता।70।

डॉ. सुरेन्द्र देव त्रिपाठी

क्या शशी को मिलन का वचन दान कर,

राह रजनी अगोरे, न अभिसार में?

लाज से, लाल चेहरा, छुपा कर उषा,

क्या न श्रृंगार से पूर्ण, भिनसार में?।71।

पूर्व में सूर्य हँसता सलोनी हँसी,

तीव्र मारुत मलय बहे, आह्लाद में।

तारिका हीरकों से सजा वेदिका,

यज्ञ करता, गगन, सान्ध्य प्रासाद में।72।

जीर्ण कुटिया किनारे खड़ी, प्रेम से,
स्नेह-सन्देश, विरहन प्रिया पूछती।
एक चातक कहीं, 'पी कहाँ' कूजता,
दर्द की बाँसुरी, शान्ति को लूटती।73।

जब कभी साँझ को, बाँसुरी छेड़ता,
नाम तेरा सदा मन्द्र में गूंजता।
बाँसुरी के मुखरते हुए नाद में,
मैं स्वयं से विरह हेतु हूँ पूछता।74।

गीत बनते नहीं हैं, कभी छन्द में,

दर्द यद्यपि हृदय-क्षेत्र में डोलता।

मानसिक दुःख बरसता नहीं नेत्र से,

घेरती है घटा, अब्द भी गर्जता।75।

झिल्लियों का विरह है, न झंकार है,

यह प्रणय काव्य का मौन उच्चार है।

या कि विधु पे तुम्हारी सभा है जुड़ी,

प्रीति-अंगना विरह-गीत साकार है।76।

रूपांकन

तू अयस्कान्त मणि, लौह का चूर्ण मैं,
चन्द्र मैं, तू नहाई हुई चाँदनी।
तू अमियमूरि, मैं मृत, विरह-दग्ध अति,
बाँसुरी मैं प्रिये, और तू रागिनी।77।

है यही याचना यदि विरह में जलू,
आँख में आँज लो, मित्र, काजल बनूँ।
तुम गले से लगा लो मुझे, बेझिझक,
एक कुसुमी महक युक्त आँचल बनूँ।78।

डॉ. सुरेन्द्र देव त्रिपाठी

यदि अधिक तप्त हो, लाल सा हो रहूँ,
चमकती लालिमा उस अधर की बनूँ।
सर्वदा पी सकूं ओष्ठ मदिरा, अली!
और मंजिल प्रणय के डगर की बनूँ।79।

तुम जहाँ से गुजर नित्य जाया करो,
धूल सा फूट उस राह पर सो रहूँ।
मैं तुम्हीं पर गिरूँ, पावसी ओस बन,
छू तुम्हारा बदन धूल में खो रहूँ।80।

भूल जाऊँ विरह दुःख, घने केश में,

चेतना भूल जाये, नये प्यार में।

और क्या है, समय काटने में रखा,

वेदनामयी, मधु-हीन, संसार में।81।

किन्तु हा नीलिमे! तुम बहुत निष्ठुरा,

सृष्टि से ही बिछुड़, मैं भटकता प्रिया।

हम प्रलय में कदाचित् कभी मिल सकें,

और कितना जियूँ, आज तक तो जिया।82।

एक उलझाव सा जग, पहेली बना,

लाख ढूँढो, मगर ना मिलेगी कड़ी।

राह कोई मिलन की नहीं बन सके,

और आती अचानक प्रलय की घड़ी।83।

तब प्रतीक्षित युगों की सजनि दीखती,

रागिनी में नशीली पिका बोलती।

जिन्दगी में मधुर मास है डोलता,

और लज्जावती तब घुँघट खोलती।84।

ले हृदय में प्रणय वेदना को, सखे,

तो चलो, बाट जोहूँ, प्रलय काल की।

या मिलन के लिए मृत्यु को चुन सकूँ,

प्राण से प्रिया की चूँदरी चूम लूं।85।

यदि मिले हम नहीं निज प्रिया से कभी,

तो विरह-दग्ध पीड़ामयी दृष्टि में।

पाप है, अखिल संसार की सर्जना,

और क्या फिर बचा, इस सकल सृष्टि में?।86।

क्षीण विश्वास भी टूटता ही गया,

अश्रु-अंजलि लिये मैं तभी हाथ में।

प्रीति के सर्व उपमान हों दर्द के,

शाप था दे दिया, कष्ट के साथ में।87।

इस विरह से मुझे साधुता मिल गई,

कौन है जो करे आज अवमानना।

ध्यान में मैं लगा, ध्यान ही है नहीं,

कब सुनी प्राण ने प्राण की प्रार्थना।88।

रूपांकन

मधु न भाये हमें, अब तुम्हारे बिना,

गीत भी मौन हैं, वाद्य की शान्ति में।

शान्ति से आज ऊबा हुआ इस तरह,

बाँटना चाहता शोर संसार का।89।

तुम नहीं हो यहाँ, पर तुम्हें देखता,

सप्तपर्णी-सुरभि से सजी वात में।

व्यर्थ यौवन गँवा, ठीक मेरी तरह,

ढाक की गिर रही पीत मृत पात में।90।

डॉ. सुरेन्द्र देव त्रिपाठी

मौलिश्री की नई कोंपलों में छुपी,
तार में गूँजते इस भ्रमर-गान में।
पूर्व की हर नई रंगमय अंशु से,
सुन्दरी वसुमती के सुसम्मान में।91।

शब्दशः सुन रहा हूँ तुम्हारी हँसी,
चीड़ के वन किनारे हुये प्रात में।
हो तुम्ही छेड़ते, इस मधुर वेणु को,
जागता जब अकेला, बड़ी रात में।92।

कौन है, जो बिछा नित्य नीहारिका,

खोलता रात-रानी प्रिया का घुँघट।

धैर्य से है मिटाता भ्रमर का झिझक,

हैं बिखरती लटें, भाव आते सिमट।93।

फिर परी-लोक के तीर्थ, सौरभ चले,

लौट ले, इक परी का हृदय चूमकर।

छींट दें जब सुमन, नाच जाये धरा,

मदभरे चमेली के विटप झूमकर।94।

पत्तियाँ ओढ़कर, सूर्य की हर किरण,

मालकँगनी तले शान्त हो, सो रहीं।

साँझ तक नाचकर के सभी आँगना,

आँख मूँदे दिवस श्रम, छिपी, खो रहीं।95।

कालिमा, विजयिनी सी, गई, फैल है,

इस अभागे हृदय में, खुले नेत्र में।

क्रौंच की नीड़ से, ऋषि-कुटी की तरफ,

इस नहर के किनारे, सकल क्षेत्र में।96।

रूपांकन

जब जगाये उषा, स्वर्ण पायल बजा,

छा सके, फिर प्रभा, कल्पना की तरह।

आत्म-संघर्ष के धूम को फाड़कर,

हर गली, हर नगर, ग्राम के उस डगर।97।

किन्तु दुःख सो रहा ना किसी डाल पर,

तो उन्हें किस तरह वह जगा ही सके।

लोरियाँ, नीलिमा, गा, सुलाये अगर,

नींद गहरी, दुःखों को, तभी आ सके।98।

डॉ. सुरेन्द्र देव त्रिपाठी

शोक फैला हुआ है, पवन की तरह,
आत्मा, बुद्धि की, आर्द्र, क्षत, साँस में।
जागती हैं, जगेंगी, सुखद मृत्यु तक,
शक्ति मिलती उन्हें, शुष्क उच्छ्वास में।99।

सब युगों तक कहेंगे, तुम्हारे लिए,
यह कली ना खिली, ना गमक ही सकी।
ना भ्रमर-झुण्ड आये, न चहके विहग,
इस कुसुम की नशे में जवानी थकी।100।

आज जलती चिता, क्यों दिशा मौन हैं?

क्यों धुवाँमय हुआ, यह सकल प्रान्त है?

लाल सा हो रहा सूर्य, क्यों शोक से?

क्लान्त सी है धरा, वायु भी शान्त है।101।

मैं चिता धूम चढ़कर बिखरता चला,

माघ की कृष्ण तारों भरी रात में।

मैं अँधेरा बना आ सकूँगा प्रिये,

अंग-सौरभ भरे, भाव एकान्त में।102।

डॉ. सुरेन्द्र देव त्रिपाठी

उस हृदय की तड़प पर, हृदय भाव लिख,

रेशमी लट हटा, मैं अधर चूमकर।

स्वप्न के नीड़ में, काश, सोया रहूँ,

हेम-तन की हर इक वीथिका घूमकर।103।

धैर्य के, शौर्य के, प्रेम के देश में,

स्वप्न पूरे दिखें, जो हृदय में पलें।

हव्य सी अग्नि में आ, समर्पित मुझे,

उस परी देश के भ्रमण पर हम चलें।104।

है जहाँ सत्य, सुख, अमृतानन्द, शिव,

ज्ञान, आलोक, सौन्दर्य, शुभ, शान्तिमय।

बेधड़क हो जहाँ, गोष्ठियाँ साजते,

पुष्प की पंखुड़ियों के प्रकम्पित हृदय।105।

बन्धनों में भले बाँध दूँ व्यर्थ ही,

आत्मा तो सदा मुक्त सी डोलती।

बस तुम्हारी प्रणय प्यास – मन में बसा,

दार्शनिक सत्य का सिलसिला खोलती।106।

डॉ. सुरेन्द्र देव त्रिपाठी

अब न फूटे कभी इस हृदय की कली,

जानता, पर दुराशा लिये जी रहा।

जानता आदमी, जिस तरह मृत्यु को,

किन्तु व्यवहार करता अमर की तरह।107।

प्रीति-अँकवार के पात्र में ढालकर,

खूब छाके, हृदय-भाव उद्दाम ने।

चौंकता हूँ, बढ़ी जब पुनः प्यास है,

किन्तु है पात्र रीता पड़ा सामने।108।

तुम लजाकर भगे, कृष्ण-अभिसार से,

प्रेम-आतुर हुये, प्रीतिमय अंक से।

चुभ गया पर, नरम फूल से, पैर में,

इस जगत का घृणा-पात्र काँटा कहीं।109।

शीघ्र मैंने नये वस्त्र को फाड़कर,

प्राण, तेरे नयन अश्रुमय पोंछता।

काढ़कर दुष्ट काँटा दुःखी पाँव से,

बाँध दी पट्टिका, किन्तु हूँ सोचता।110।

रोज कितने दुःखी पाँव बिंधते मगर,

और कोई नहीं पट्टियाँ बाँधता।

बल्कि परदर्द को भूलकर मूर्खमन,

लक्ष्य सा, दूसरों का हृदय साधता।111।

बनचमेली- सरीखी खिली चाँदनी,

इक फटिक के शिला-खंड सा चन्द्रमा।

झील के धीर, गम्भीर, जल नील में,

डोल हिल, रात भर डुबकियाँ मारता।112।

रूपांकन

पीत सरसों परे, अरहरों के निकट,

वायु पछुवा, बड़ी शान से डोलता।

शान्त वन के किसी, जीर्ण अति, नीड़ में,

शीत से डर विहग-मानधन बोलता।113।

ग्राम्य-देवी निपट रात्रि में घूमती,

श्वेत सारी पहन, हर हरे खेत में।

और जितना पसीना धरा पर गिरा,

स्वर्ण करती उसे, कोहरे में छिपी।114।

डॉ. सुरेन्द्र देव त्रिपाठी

धान की बालियों सा सुमुख, दिव्य सा,

पौध की अंगिका बाँधती वक्ष पर।

शुभ्र, सुन्दर वदन आँख में डोलता,

आह छिपती झलक एक ही दान कर।115।

उस प्रभा में तुम्हीं-तुम दिखी सर्वदा,

सर्व विन्यास में हो तुम्हारा विभ्रम।

किन्तु तुम षोडशी ही सदा दीखती,

देखता मैं तुझे ले अनेकों जनम।116।

घृतकुमारी-सदन, सेहुड़े का वदन,
कैक्टस की सभी ये सुलभ जातियाँ।
सो रहीं चाँदनी में, बड़ी देर से,
जागता एक मैं, जागता यह दिया।117।

जागता पर मुझे अब नहीं शोक है,
किन्तु क्यों वक्ष में एक मीठा दरद।
टीसकर चाहता बस तुम्हें देखना,
तुम कहाँ, किस तरह तप्त मन के जलद।118।

गीत के भाव तुम, फूल के वास तुम,

दीप की ज्योति तुम, चित्र सौन्दर्य तुम।

तुम नहीं तो जगत में बचा कुछ नहीं,

आर्ट के प्राण में व्याप्त उत्थान तुम।119।

पर्वती-पुष्प के रंगमय पौध पर,

कोहरे का चँदोवा तना दीखता।

मैं तुम्हारे लिए शब्द सन्देश के,

तारिकायें बना शून्य में छींटता।120।

रातरानी किशोरी लजाई हुई,

सूँघकर, मत्त, मीठी, कुँवारी महक।

ये झुके बाँस, कुख्याति को भूलकर,

चूमते पुष्प मुखड़ा हृदय में चहक।121।

फूल के रूप-रस-सिक्त भँवरा कहीं,

प्यार से डोलते ही कमल-नाल के।

नींद में डूबता, केतकी-पुष्प पर,

लाल डोरे लजा, फूल के गाल के।122।

शून्य से बाग में, जिन्दगी झाँक दे,
और हेमन्त को फिर नयापन मिले।
कल्पतरु सी चली आ, विरह-स्वप्न में,
आज तेरे लिए फूल महकें खिलें।123।

खेत में वह विहग-झुण्ड उतरा हुआ,
ताल के दाहिने पेड़ के कुछ उधर।
शीत का दोपहर, साम के गान से,
पश्चिमी क्षेत्र में हो रहा है मुखर।124।

रूपांकन

नेत्र से अश्रु टपका नहीं है अभी,

गिर गया मेह का बूंद है गाल पर।

वाह, कैसे भले मूढ़ हम थे सखे,

प्यार ही जानते थे नहीं, प्यार कर।125।

जो तुम्हे प्यार करता, अरी, अत्यधिक,

क्या नहीं प्यार होगा, जगत के लिए?

मात्र सम्वेदना तार सी तीक्ष्ण हो,

क्या न संगीत होगा सदा के लिए?।126।

डॉ. सुरेन्द्र देव त्रिपाठी

केवड़े के मदिर गन्ध से स्नात सी,

चम्पई पुष्प की मालिकायें कई।

एक विश्राम दे, एक सम्मान दे,

तू किधर क्रान्तिक इस अवधि में गई?।127।

प्रेम संयोग है, कर्म का भोग ही,

जो न बिछुड़े कभी, मानता मैं नहीं।

तब विरह मात्र ही एक भगवान है,

तुम रहो ना रहो, है बिछुड़ता नहीं।128।

रूपांकन

टूटती तारिका, पैंजनी की तरह,

आज चन्दा नहीं, नील आकाश में।

लौट, परदेश शायद गया हो, विवश,

छोड़कर गाँव को, फाल्गुन मास में।129।

शैशवी बोल सा, नव पुहुप सा नरम,

भावमय गीत की याद आती मुझे।

सुन जिसे, शान्त हो कर, घटा श्रावणी,

डाल पर सो गई थी, पता है तुझे?।130।

डॉ. सुरेन्द्र देव त्रिपाठी

जान पाया कि सौन्दर्य है पास ही,

खोजना क्या किसी अन्य ही क्षेत्र में।

भाव, सौन्दर्य, होता नहीं वस्तु में,

बल्कि बसता सदा पारखी नेत्र में।131।

नव भ्रमर को, वयः-सन्धि वाली कली,

खोल घूँघट, बुलाते, शरम खा गई।

फूल जो वृद्ध थे, हँस, बताने लगे,

है भ्रमर ढीठ, पर प्रियतमा है नई।132।

रूपांकन

शोक हो यदि प्रिया के, हृदय में रहो,

और जब-तब उभर कर रुलाते रहो।

जिंदगी के कसक से भरे पेय में,

घोल करुणा मधुरता बढ़ाते रहो।133।

और काँटों! चुभो, प्राण ले लो अभी,

शान्ति तुमको कदाचित तभी आ सके।

बोझ सा यह वियोगी अनुपयुक्त है,

व्यर्थ सा आ गया, शान्ति से जा सके।134।

तितलियों, उड़ो पश्चिम, प्रिया-ग्राम तक,

शीघ्र सन्देश कोमल प्रिया से कहो।

है नकारात्मक सोच का फल बुरा,

इसलिए प्रेम को ईश-वर ही कहो।135।

गाँव के पश्चिमी दीर्घ तालाब में,

तैरता है युगल हंस अतिशय बड़ा।

एक प्रतिबिम्ब, शशि-बिम्ब है, दूसरा,

मानकर, दूर सेमल ठगा सा खड़ा।136।

रूपांकन

ताल के वक्ष पर, हंस इक दूसरा,

प्रिया से झूठ ही मूठ रूठा हुआ।

लग रहा यूँ किसी कामिनी हाथ से,

तैरता हो घड़ा एक छूटा हुआ।137।

साँझ को घाट पर नाव को बाँधकर,

एक माझी, नदी पार उत्साह में।

एक गाना बड़े जोर से छेड़ता,

दादरा ताल में, राग खम्माज में।138।

डॉ. सुरेन्द्र देव त्रिपाठी

इस नदी में कई बार बलवान सा,

पार था साधता, पाट था पीसता।

आज असहाय सा अश्रु के ताल में,

साथ हूँ ढूंढता, तैरना सीखता।139।

घूमते थे जहाँ, आम का बाग वह,

रो रहा, रस बहा कर, बहुत खिन्न सा।

एक जड, एक चेतन, मगर नीलिमे,

पा रहा है, दुःखी मन, नहीं भिन्न सा।140।

शान्ति आये न आये, नहीं याचना,

तू चली आ, भले आँधियों को लिये।

लोट लेगा चरण पर, अरी सौम्यमुखि,

यह हृदय, विरह का तिक्त हाला पिये।141।

माधवी और आँजू, नहर के परे,

एक निर्मल, मदिर गन्ध, हैं बाँटती।

विष्णुकन्ता लिपट एक मृत पौध से,

चौथ की चाँदनी में निशा काटती।142।

एक चातक कहीं, चातकी के लिए,

चोंच में ला रहा, फूल कल्हार का।

देख ऐसा अधिक भावभीना हुआ,

पूर्व से गूंजता, राग मल्हार का।143।

गुलदुपहरी खड़ी है, गलित-यौवना,

है न पुष्पित, क्वचित क्लेद सी, किसलिए?

है न फूली अभी, तो न मधुमास है,

या न मधुमास, फूली नहीं इसलिए।144।

वायु पछुवा, किसी शान्त सी रैन में,

वृक्ष के पोर से, तीर जैसा निकल।

भटकता, प्राण, अस्तित्व के पास ही,

बुद्ध-मन सा सरल, इस हृदय सा विकल।145।

आज की चाँदनी, सिकुड़कर ठन्ढ से,

गांव की हर गली से छिपी निकलती।

सो गई कुछ दुःखी अंक में आ दुबक,

और कुछ काइयों पर अभी फिसलती।146।

पूर्ण संसार की एक उपलब्धि है,
कुछ क्षणों का मिलन, आयु भर तड़पना।
क्या यही जगत का शाश्वत सत्य है,
जन्म एवं मरण, मिलन फिर बिछुड़ना?।147।

प्रिया के प्रेम में, इस तरह लिप्त हूँ,
इक नशे में भटक है रही, सुधि सभी।
किन्तु, तुम दूर अति दूर हो, नीलिमे,
व्यर्थ में पास देखी छटा है अभी।148।

स्वच्छ आकाश है, मेघ भी हैं नहीं,

कौन वाहन बने, प्रीति-सन्देश का।

मात्र सुधिहीन हूँ, यक्ष भी हूँ नहीं,

क्या करूँ, गर्विते, कष्ट अवशेष का?।149।

आज का दिन अगर व्यर्थ में कट रहा,

और पथहीन जीते चले जा रहे।

तो सभी जिन्दगी इस तरह व्यर्थ है,

जिस तरह धार में एक तिनका बहे।150।

डॉ. सुरेन्द्र देव त्रिपाठी

प्रेमिका का दिवा स्वप्न क्या देखना,

स्वप्न मौलिक भले हों मगर छोड़ दो।

एक दिन बैठकर आत्म-चिन्तन करो,

और मन को शिवम्, सुन्दरम् मोड़ दो।151।

स्वप्न के लिए चलना तथा भटकना,

है यही लक्ष्य तो जिन्दगी व्यर्थ है।

कुछ न जीकर मिला दार्शनिकता भरा,

मृत्यु ही जिन्दगी का नया अर्थ है।152।

रूपांकन

सब जगत में खुशी, शान्ति, आनन्द है,
किन्तु मुझको विरह की मिली वेदना।
तन भले शत्रु के चोट को सह गया,
टूटते ही हृदय, खो गई चेतना।153।

सरित की बालुका हो बिछी राह में,
मेघ हैं इस तरह, आज आकाश में।
बादलों से जरा दूर है चन्द्रमा,
तुम नहा ज्यों खड़े, नदी के पास में।154।

डॉ. सुरेन्द्र देव त्रिपाठी

इस उदासी भरी माघ की साँझ में,

गाँव जड़ है, किसी प्राकृतिक चित्र सा।

एक पछुवा बड़ी तीक्ष्णता से लहर,

साथ है वेदना में, किसी मित्र सा।155।

वायु की शीत चुभती, भटक घूमती,

हर गली बुद्धि की, गात की, प्राण की।

जिस तरह से कहीं लोग बातें करें,

प्रेम में मग्न के घोर अपमान की।156।

रूपांकन

धूल उठकर बसंती, सड़क-वक्ष से,

वायु के साथ तेरे वसन चूमती।

लाल पग चूमकर, वह, तुम्हारे प्रिये,

आदि से आज तक, मस्त सी झूमती।157।

आज हर क्षण बहुत ही उदासी भरा,

रुक्ष दिन, नींदमय रात्रि का हर प्रहर।

एक एकान्त कासार-तल सा कहीं,

महत्ताहीन, गुपचुप, रहा है लहर।158।

डॉ. सुरेन्द्र देव त्रिपाठी

प्रश्न की वीथिका में उलझकर अटक,

एक नव प्रश्न की खोज बस हो रही।

जिन्दगी यह? नहीं, कौन तुम? क्या पता,

क्या यही सोचना, प्राण! मिथ्या नहीं?।159।

इस तरह पी गया वेदना-मुक्त हो,

चाहता, इस तरह मैं हमेशा रहूँ।

लोग समझें कि बस जिन्दगी है यही,

और सिद्धान्त कोई न मुख से कहूँ।160।

रूपांकन

छोड़ कर्तव्य, लेटा हुआ मैं यहाँ,

याद तेरी, मनस-मर्म को छू रही।

प्रेम की जिन्दगी की हताशा थकी,

मृत्यु के पास, अन्तिम अवधि गिन रही।161।

इस नशे में गई भूल, तुम भी सजनि,

और मन की सभी ग्रन्थियाँ, खुल गईं।

किन्तु कुछ क्षण मिले, आत्मा से गले,

एक क्षण में, सभी भावना, घुल गई।162।

नीतियाँ थीं, अभी तक, बिना मूल्य की,
योग भटका, सुरा के वलय केन्द्र में।
पग हमारे बहकने लगे, जिस समय,
सन्तुलन आ गया, आत्म-सत्येन्द्र में।163।

सत्य है बस नशा, योग है बस नशा,
हर समय जिन्दगी का मधुर मधु पियो।
चिन्तना, मृत्यु पर्याय है, मित्रवर,
इसलिए आज से ही हरिक पल जियो।164।

रूपांकन

हो भले गर्व पर यूँ मुझे लग रहा,
मैं कई ज्यातियों से भरा जा रहा।
सत्य ही आत्म का है, अतिथि, आजकल,
इसलिए झूठ को छोड़ता जा रहा।165।

आत्मिक-वेदना क्यों प्रकट कर रहा,
तब हृदय यह, जगत-जीर्ण-संजाल में।
सच कहूँ, तीव्र पीड़ा मिली है, उलझ,
उस प्रिया के मदिर, रेशमी बाल में।166।

मान-सम्मान हो या कि अपमान हो,

हैं न दोनों बुरे, हैं न दोनों भले।

है सभी बुद्धि की मान्यता, और सखि,

सत्य है बस यही, मृत्यु को हम चलें।167।

एक को मारकर दूसरा जी रहा,

मानलो एक यह दार्शनिक सत्य है।

आज से सत्य में भी अनिश्चय सखे,

सत्य सापेक्ष होकर बना सत्य है।168।

काटना काल का जिन्दगी बन गया,

इस उदासीन, पर्वों भरे, गाँव में।

प्रेम है, पारलौकिक, नई भावना,

आ चलें, डूब लें, शाश्वत भाव में।169।

आज क्या हो गया, पुष्प, ऋतुराज में,

एक सौन्दर्य-प्रासाद हैं साजते।

सर्व समुदाय अपनी छटा बेचकर,

कोकिला से मधुर सा नशा माँगते।170।

डॉ. सुरेन्द्र देव त्रिपाठी

कृत्रिमता प्रकृति की शैशवी आँख से,
एक कमनीय सौन्दर्य सी लग रही।
भैरवी राग को शक्ति से दाबकर,
सर्व-कल्याण की रागिनी बज रही।171।

दूर से झिल्लियों का सु-समवेत स्वर,
योजनाबद्ध, चिन्तन मुखर, लग रहा।
एक सुख में लगा, एक डूबा हुआ,
चिन्तना में, बड़ी रात तक जग रहा।172।

आज मधुरात्रि की शान्त सी रैन में,

हम न सोयें अभी, कौन त्रुटि हो गई?

लाख रातें गईं बीत, सोते हुए,

अब जगें, यदि हृदय-कामना जग गई।173।

देव-कन्या, नई लोरियाँ छेड़कर,

दे सुला, मखमली घास की सेज पर।

एक भटका हरिण शिशु, लगा थपकियाँ,

चीड़ के गोंद दे दें नशीली लहर।174।

डॉ. सुरेन्द्र देव त्रिपाठी

आज निज पट डुला, दे हमारी सुला,
प्रीति की वेदना प्राण में छलकती।
श्वास-निःश्वास के अंक में, हर समय,
दर्द से रुद्ध, कवि-साधना, भटकती।175।

व्योम-नक्षत्रिकाओं, सुनो, ध्यान से,
तुम सदा नीलिमा के बहुत पास हो।
चाहता हूँ कि मेरा अहं लुप्त हो,
तीव्र आशामयी नील मधु-श्वास हो।176।

शीघ्र उँगली पकड़कर मुझे ले चलो,
हो जहाँ प्रियतमा, उस अनोखी दिशा।
वृद्ध शिशु-दिन न हो, मृत्यु से दूर हो,
और युवती सदा हो उजेली निशा।177।

घेरकर रूप, रंगत, गुलाबी अधर,
कालिमा-युक्त काजल पुनः घिर गया।
तू न आई, बहुत देर सी हो गई,
सृष्टि से आज तक युग कई फिर गया।178।

डॉ. सुरेन्द्र देव त्रिपाठी

अश्रु एकान्त के, फूट तारे बने,
सूर्य एवं शशी, कान की बालियाँ।
सौम्य सखियाँ सजीं, साथ में नाच लीं,
पग पहन पैंजनी, किंकणीवालियाँ।179।

पूर्ण तुम भी नहीं, पूर्ण हम भी नहीं,
किन्तु तुम पूर्णता के बहुत पास हो।
माधुरी हो, भले अधसुने गीत की,
पूर्ण फिर भी नहीं, कुछ रुकी प्यास हो।180।

चाहते पूर्णता तुम, अगर ब्रह्म सा,

तो प्रिये, हर दुःखी की धड़कनें गिनो।

पूर्ण तुम भी बनो, पूर्ण हम भी बनें,

कुछ कमी ना रहे, केलि के उन दिनों।181।

आज उत्सुक हृदय चाहता, पूर्णता,

व्यर्थ सी चीज है या बहुत अर्थमय।

क्यों सभी चाहते काल्पनिक सत्य को,

क्यों सभी चाहते, प्रिय अलक में विलय।182।

डॉ. सुरेन्द्र देव त्रिपाठी

धन विहग का रहा है, सदा चहकना,

चाँद का धन, प्रभा पुंज का छिड़कना।

सिन्धु-वैभव, सुनीला, सलिल-आयतन,

धन हमारा, तुम्हारे लिए तड़पना।183।

रात को मरघटों में अकेला भटक,

जान पाया कि बस जिन्दगी है यही।

सन्तुलन भाव का, मोद, कर्तव्य का,

राग-वैराग्य का, अति किसी की नहीं।184।

सन्तुलन दर्द का, सन्तुलन प्यार का,

हर्ष का शोक का, अश्रु के बिन्दु का।

मान-अपमान में अति नहीं हो, कहीं,

गण्य हो आयतन, मदभरे सिन्धु का।185।

एक आदर्श इच्छा हृदय में रहे,

प्रेम के प्राप्ति की, भोग के त्याग की।

अर्ध सी प्यास बढ़ती चले, कंठ तक,

दे जला वर्जनायें, लपट आग की।186।

डॉ. सुरेन्द्र देव त्रिपाठी

क्या नहीं चाहती, व्योम की नीलिमा,

शीर्ष से गिर जरा यह धरा चूमना?

स्वर्ग के राज्य की स्वर्ण-वीथी बसी,

क्या नहीं चाहती, भूमि पर घूमना?।187।

व्योम में है बड़प्पन, बहुत ही अधिक,

हाँ, तभी नीलिमा का वहीं वास है।

किन्तु मन आत्मा के भले है तले,

उस प्रभा का सुस्पष्ट आभास है।188।

मधु-नशे में, कई रहस्यों से भरा,
खोल, घूँघट तुम्हे देखना चाहता।
लाजवन्ती सरीखे सिकुड़ते तुम्हीं,
एक पट टालते, दूसरा ढाँपता।189।

गाँव की अनूढ़ा, गौर, कादम्बरी,
या नगर की सुगुप्ता, मुखर, श्यामली।
द्वैत सी लग रही हैं, अरी गूजरी,
रिक्त सी, एक बोझिल उदासी भरी।190।

थे नशे से थके, वे तुम्हारे पलक,

पर खुमारी हमारे हृदय छा गई।

रूप को देख पाया नहीं, देर तक,

श्वेत आँचल तले नींद सी आ गई।191।

भींग परिवेश जाता सुधा से सभी,

पूर्णिमा की छलकती हुई चाँदनी।

है धड़कता हृदय, काँपता है अधर,

ओष्ठ चुप, मन मुखर, और मधुयामिनी।192।

फूल चम्पाकली से वदन की तड़प,

को भुला, बैठकर आड़ में सो लिया।

गर्म उच्छवास से याद तेरी मिटा,

मैं बढ़ा पथ-रहित, हाय, यह क्या किया।193।

ग्रीष्म की कृष्ण तारों भरी रात में,

ग्रस्त-अवसाद हो, रात भर जागना।

कह रहा है, अगर देव वरदान दें,

तो हृदय, बेझिझक मृत्यु ही माँगना।194।

जो जगत के चमकते रजत जाल में,

हैं बंधे किन्तु बन्धन नहीं मानते।

भाव-स्वाधीनता की जरूरत नहीं,

क्रान्ति का अर्थ क्या, वे नहीं जानते।195।

क्षेत्र था शान्त, निर्जन, व बरसात थी,

राह फिसलन भरी, शून्यता दूर तक।

वायु तीखा लगे, थी तड़ित की चमक,

गाँव थे ही नहीं, दृष्टि सीमान्त तक।196।

रूपांकन

ढूँढता था तुम्हें, एक विक्षिप्त सा,

नेत्र आशा भरे, पर हृदय था विकल।

बिजलियाँ जो डगर छोड़कर हट गईं,

कर गईं मित्र, सौभाग्य मेरा विफल।197।

प्रिय तुम्हारे लिए यह तड़प पुण्य है,

स्निग्ध, मलयांचल की मरुत सत्य है।

मात्र अपने लिए अति निकट चाहना,

क्षणिक है, दूर होना यही नित्य है।198।

सोचता हूँ, विरह विष कि स्वीकार लूँ,

देह की कान्ति नीली बनेगी अमित।

नीलिमा ही लिपट है गई देह से,

कर सकूँगा धरा को अचानक भ्रमित।199।

जिन पलों में तुम्हे भूलता हूँ सखे,

वे सभी हैं कुक्षण, देह-व्यापार के।

व्यर्थ करते, हमारे सभी सार्थक,

माध्यमों को सभी, आत्म-सन्चार के।200।

रूपांकन

किन्तु इस काल सम्पूर्ण व्यक्तित्व में,
याद की जाह्नवी तरंगित हो रही।
चिन्तना-मुक्त, अनुपम स्वरूपा, सजनि,
गात में, आत्मार्जित सो रही।201।

भाव-तन्द्रिल पलक पे हमारे, विकल,
और, कुछ लालसामय, प्रकम्पित अधर।
चाहते थे बहुत कुछ, झिझक, माँगना,
किन्तु चुपचाप बीते, मिलन के प्रहर।202।

याद आती तुम्हारी रहे, साँझ हो,
वृक्ष पे कूजते हों विहग मानधन।
सन्दली-धार निर्झर गिराता रहे,
कोहरों के दुशाले तले हों सुमन।203।

मैं भटकता फिरूँ, घोर वन में कहीं,
दूर पर एक आभा दिखाई पड़े।
देव-तनया उठा ले अगर गिर पड़ूँ,
ज्योति से कुछ इधर एक काँटा गड़े।204।

रूपांकन

उस अकेली कुटी के पटों पर पहुँच,

मैं थका, रात भर आश्रय के लिए।

खटखटा दूँ, झिझक, पट मलय-चन्दनी,

मूसलाधार बरसात हो, द्युति लिये।205।

पट खुलें और तुम स्वप्न सी आ मिलो,

दीप अरुणिम करों से गिरे, तम करे।

तुम सिसककर कहो, मैं घृणा-पात्र हूँ,

उस तमस में हमारा गला भी भरे।206।

डॉ. सुरेन्द्र देव त्रिपाठी

जानता झूठ है, कोसना प्राण का,
अर्थ के शब्द दुःख से गये हैं बदल।
तुम रहे थे तड़प स्वर्ण-प्रासाद में,
नेत्र-नीरद रहे, आँसुओं से सजल।207।

आयु सारी गँवा, अन्त में पा गया,
मर्म छूते विरह-वेदना का मजा।
विरह के ताप पर तुम सुधा से मिले,
इसलिए लग रही है भली, यह सजा।208।

नेत्र से आँसुओं की नदी बह रही,

गाल पर खेलती, मोतियों की लड़ी।

ग्रीष्म का है बहाना मिला है भला,

कह रहे स्वेद है, आज गर्मी बड़ी।209।

परिस्थिति की नदी में लगा डुबकियाँ,

है नहाती, निजी, निर्वसन भावना।

वीथियाँ थीं सुसंकीर्ण इस आयु तक,

अब गगन-मार्ग की तीव्र सम्भावना।210।

डॉ. सुरेन्द्र देव त्रिपाठी

दो नये पौध यौवन-धनी बढ़ रहे,

ताल के पूर्व, सुनसान पीपल तले।

आँख में स्नेह-आलस भरे आत्म की,

लग रहा ग्राम-वधुयें मिली हों गले।211।

धड़कनें हों हृदय की, तुम्हारे लिए,

बुद्धि की चिन्तना हो, तुम्हारे लिए।

तुम रहो, लक्ष्य अब, सर्वदा आत्म के,

चित्त एकाग्र हो, बस तुम्हारे लिए।212।

बादलों का मधुर सोम पीता रहा,

झीसियों से भरा झुटपुटा शाम का।

प्रेम की माँग पर तुम लजाते रहे,

साक्षी है बड़ा वृक्ष वह, आम का।213।

भटकती याद की थकी पनिहारिनी,

कूलिनी-घाट जाती हुई राह पर।

अर्थमय उँगलियाँ चिबुक पर टेककर,

सोचती, अब चलूं, मैं इधर या उधर।214।

प्यासमय रैन में, विरह् की बाँसुरी,
टेरती राग नीलिम, सदा सर्वदा।
दूर अब क्यों रहो, चेतना से सुमुखि,
लाज रख ले, चली आ, अरी प्राणदा।215।

वेणु मेरा हृदय, आत्म संगीत है,
रागिनी में, तुम्हारे कई नाम हैं।
अब चली आ शुभे, और देरी न कर,
सोम है, शरद की सुरमयी शाम है।216।

चम्पई चाँदनी, विरह की सेज पर,
दक्षिणी ओर से, कुछ डरी, झाँकती।
मैं बुलाउँ उसे, सान्त्वना के लिए,
दूर जा, बात मेरा नहीं मानती।217।

भाद्रपद मास में, बादलों से भरा,
तारिकायें छिपा, छत्र सा यह गगन।
है भिंगोता, करुण बूँद से, वह मुझे,
क्या पता, कौन सी भावना में, मगन।218।

डॉ. सुरेन्द्र देव त्रिपाठी

प्राण मेरा बसा, मदभरे नैन में,

मुक्त हो शीघ्र, है बस यही कामना।

फिर कभी प्रेम का भूलकर नाम लूँ,

तो प्रिये, फिर मुझे, मूढ़ ही मानना।219।

उन कई रूप के बादलों से परे,

मूर्त सन्देश, ये पश्चिमी वायु के।

गूँज कर नाम तेरा, अरी सौम्यमुखि,

तन्तु हिलकोर देते, सभी स्नायु के।220।

रूपांकन

एक एकान्त हो और तू साथ हो,
प्रेम के धर्म की हम सदिच्छा करें।
ताप हो धूप का, हिम अचल पर कहीं,
और मरु में कहीं, बर्फ ताजी गिरे।221।

भूल जाता, तुझे, मैं महीनों प्रिया,
इस जगत की कृत्रिमता बड़ी क्रूर है।
मूल्य जब तक नहीं जानते, प्रेम का,
आत्म से शान्ति तब तक बहुत दूर है।222।

डॉ. सुरेन्द्र देव त्रिपाठी

भूल तब यह जगत-विरोधाभास को,
कौन चिन्ता अगर इष्ट की याद में।
एक आदर्श मधु से लगा ध्यान में,
जागरण हो कदाचित, प्रलय-वाद में।223।

वाहूय-आभ्यान्तरिक वर्जना छोड़कर,
सोचता ही रहूँ, उष्ण बातें वही।
जो कि तुमने बड़े ही मदिर काल में,
प्यार की और परिणाम की, थी कही।224।

कर रही हैं परे, तुम्हारी याद से,

बीच में किन्तु क्यों यह समस्या खड़ी।

क्या किसी शाश्वत सत्य से हो गई,

यह बहुत हीन, अति छुद्र मिथ्या बड़ी।225।

प्रेम-अस्तित्व में मिल सकूँ मैं स्वयं,

शान्ति की मिष्ट सी, तीव्र अनुभूति हो।

मृत्यु हो यह कदाचित, अधम देह की,

किन्तु तुम शाश्वत जिन्दगी ही कहो।226।

वासना, तड़प, स्मृति तथा वेदना,

प्रेम नामक विधा के सहायक बने।

क्या इन्हीं के लिए हाथ मेरे रहे,

एक भोली प्रिया के लहू से सने।227।

यदि घुटन प्रेम का, बादलों सा छँटे,

सृष्टि-कल्याण की भावना प्राप्त हो।

हो सुगन्धित, जगत का, सुवातावरण,

द्वन्द्व से मुक्ति की भावना, व्याप्त हो।228।

रूपांकन

जिन्दगी की यही मात्र उपलब्धि है,

युग कई फिर गये, जान पाया यही।

तुम नहीं हो जहाँ, मृत्यु ही है वहाँ,

साथ हो तुम अगर, जिन्दगी है वहीं।229।

मृत्यु में, प्रेम में, एक सा साम्य है,

हृदय की कुछ धड़कनें, अभी शेष हैं।

पाप की, पुण्य की, आखिरी शाम है,

प्राण में, पर्यटन-काल आवेश है।230।

मैं अकेला चला, इस विरह-राह में,

भाव, मौलिक रहे पर युवा प्यार के।

तुम परम आत्मा से बताना प्रिये,

मैं अकेला रहा, पूर्ण संसार में।231।

आज तुम ही रहो, नेत्र के सामने,

काल जाये, सुऋतु में, यहीं पर ठहर।

दृष्टि से हो सके प्रेम रूपांकन,

कट सके साथ में, आखिरी यह प्रहर।232।

रूपांकन

CPSIA information can be obtained
at www.ICGtesting.com
Printed in the USA
BVHW081139130819
555673BV00001B/366/P

9 781646 505432